DU DROIT

DES

FONCTIONNAIRES CIVILS

DE REQUÉRIR

LA GENDARMERIE & LA TROUPE

EN CAS DE TROUBLES ET D'ÉMEUTES

2ᵉ Édition, entièrement refondue et mise à jour

PARIS	LIMOGES
11, Place Saint-André-des-Arts	46, Nouvelle route d'Aixe, 46

Henri CHARLES-LAVAUZELLE

ÉDITEUR MILITAIRE

1893

DU DROIT

DES

FONCTIONNAIRES CIVILS

De requérir la Gendarmerie et la Troupe

EN CAS DE TROUBLES ET D'ÉMEUTES

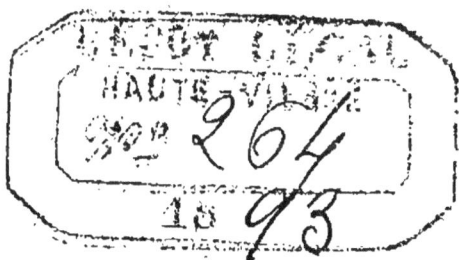

DU DROIT

DES

FONCTIONNAIRES CIVILS

DE REQUÉRIR

LA GENDARMERIE & LA TROUPE

EN CAS DE TROUBLES ET D'ÉMEUTES

2ᵉ Édition, entièrement refondue et mise à jour.

PARIS
11, Place Saint-André-des-Arts

LIMOGES
46, Nouvelle route d'Aixe, 46

Henri **CHARLES-LAVAUZELLE**
ÉDITEUR MILITAIRE

1893

DU DROIT

DES

FONCTIONNAIRES CIVILS

De requérir la Gendarmerie et la Troupe

EN CAS DE TROUBLES ET D'ÉMEUTES

———— ∿∿∿ ————

§ 1ᵉʳ. — Des réquisitions.

(Lois du 10 juillet 1791 et du 3 août 1791.)

1. Nulle troupe, même requise, ne doit sortir de sa division sans un ordre donné par le général commandant le corps d'armée, ou de son département sans un ordre donné par le général de division, à qui ce pouvoir est délégué.

2. Nulle troupe, même requise, ne doit quitter la ville où elle se trouve sans un ordre du général commandant la subdivision.

3. Nulle troupe ne doit être employée, même dans la ville où elle est établie, que d'après les réquisitions écrites, faites par les autorités qui en ont le droit (préfet,

sous-préfet, procureur de la République, maires ou adjoints au maire, commissaires de police, officiers et sous-officiers de gendarmerie), et dans la forme indiquée à l'article 22 de la loi du 3 août 1791.

4. Toute action des troupes doit être le résultat d'un concert préalable entre les autorités militaires et civiles.

5. Ces réquisitions doivent indiquer clairement le but à atteindre, en laissant toutefois au chef militaire le choix des moyens pour y arriver, après s'être concerté, autant que possible, avec les officiers civils, auteurs de la réquisition.

6. En cas de flagrant délit et d'urgence, on n'attendra pas pour agir d'avoir reçu une réquisition écrite, ou d'avoir pu se concerter avec les officiers civils. Le commandant des troupes ou du détachement prendra immédiatement les mesures qu'il jugera nécessaires pour disperser les rassemblements ou pour repousser l'agression dont il est l'objet. (Art. 25 de la loi du 3 août 1791.)

7. Il n'y a d'exception aux règles 1 et 2 que pour le cas de flagrant délit et d'urgence, c'est-à-dire pour ceux où le temps et les moyens d'avoir une réponse manqueraient absolument.

8. Les pouvoirs de répondre aux réquisitions légales, pour agir en dehors de la

ville où ils sont établis, peuvent être délégués aux commandants de garnison et de détachements par les généraux commandant les divisions et les subdivisions (lettre ministérielle du 16 mars 1848), mais sous la condition de rendre compte immédiatement au général sous les ordres de qui ils se trouvent des réquisitions légales auxquelles ils auront obtempéré.

9. Il ressort du texte des lois sur la matière que le fonctionnaire civil, qui est responsable du maintien de l'ordre (sauf dans les territoires en état de siège), concentre entre ses mains la direction de la police et reste seul juge du moment où la force armée doit être requise. Mais l'autorité militaire ne doit pas être surprise par une réquisition ; à cet effet, il faut qu'elle reçoive un premier avis dès que la tranquillité publique paraît menacée, et que, si la situation s'aggrave, de nouveaux renseignements mettent le commandant de la force armée à même de se préparer à intervenir, soit par des mesures de précaution, soit par des manœuvres qui paralysent l'émeute, de sorte qu'au moment où il devra agir, sous sa responsabilité, son action soit prompte et efficace.

Tel est le but de l'entente préalable, formellement prescrite par l'article 16 de la loi du 10 juillet 1791, entre l'autorité civile et l'autorité militaire. Cet accord rend la tâche de chacun plus facile et les résultats plus sûrs; on ne saurait trop le recommander, en tant qu'il est possible. (Lettre minist. du 21 juin 1869.)

§ 2. — Lois et Règlements.

(Extrait de la loi du 10 juillet 1791.)

Art. 9. — Dans chaque arrondissement, l'officier général commandant, chargé de tenir la main à l'exécution des règlements militaires, sera, de plus, obligé de se concerter avec toutes les autorités civiles, à l'effet de *procurer l'exécution de toutes les mesures ou précautions* qu'elles auront pu prendre pour le maintien de la tranquillité publique ou pour l'observation des lois *ainsi que d'obtempérer à leurs réquisitions, toutes les fois qu'elles seront dans les cas prévus par les lois.*

Art. 13. — Les commandants particuliers se conformeront, dans leurs places respectives, à ce qui est prescrit art. 9 du présent titre, pour l'officier général commandant dans l'arrondissement, ainsi qu'aux ordres qu'ils recevront dudit officier général.

Art. 16. — Dans toutes les circonstances qui intéresseront la police, l'ordre, la *tranquillité intérieure des places*, et où la participation des troupes serait jugée nécessaire, *le commandant militaire n'agira que d'après la réquisition par écrit des officiers civils* et, autant que faire se pourra, qu'après s'être concerté avec eux.

Art. 17. — En conséquence, lorsqu'il s'agira, soit de *dispositions passagères,* soit de *mesures de précautions permanentes,* telles que *patrouilles régulières, détachements* pour le maintien de l'ordre ou l'exécution des lois, *polices des foires, marchés ou autres lieux publics, etc.,* les officiers civils remettront au commandant militaire *une réquisition signée d'eux, dont les divers objets seront clairement expliqués ou détaillés* et dans laquelle ils désigneront l'étendue de surveillance qu'ils croiront nécessaire ; après quoi, *l'exécution de ces dispositions et toutes mesures capables de la procurer, telles que consignes, placement de sentinelles, bivouacs, conduite et direction des patrouilles, emplacement des gardes et des détachements, choix des troupes et des armes et tous autres modes d'exécution,* seront laissés à la discrétion du commandant militaire, qui en sera responsable jusqu'à ce qu'il lui ait été notifié par les officiers civils que ces soins ne sont plus nécessaires ou qu'ils doivent prendre une autre direction.

Art. 19. — Nulle troupe ne pourra être *changée de la garnison qui lui a été affectée que par un ordre contraire du gouvernement* ou, dans les cas urgents, par ceux des agents de l'autorité militaire auxquels en aura été déléguée la faculté.

(*Extrait de la loi du 3 août 1791.*)

Art. 20. — Aucun corps ou détachement de

Réquis.   1.

troupes de ligne ne pourra agir dans l'intérieur du royaume sans une réquisition légale, sous les peines portées par les lois.

Art. 22. — Les réquisitions adressées aux commandants, soit des troupes de ligne, soit des gardes nationales, soit de la gendarmerie nationale, seront faites par écrit, dans les formes suivantes :

« Nous... réquérons, en vertu de la loi,
» M... commandant, etc... de prêter le secours
» des troupes de ligne, ou de la gendarmerie
» nationale, ou de la garde nationale, nécessaire
» pour...
» Pour la garantie dudit ou desdits comman-
» dants, nous apposons notre signature. »

(Signature.)

Art. 23. — L'exécution des dispositions militaires appartiendra ensuite au commandant des troupes de ligne.

S'il s'agit de faire sortir les troupes de ligne du lieu où elles se trouvent, *la détermination du nombre est abandonnée à l'officier commandant sous sa responsabilité.*

Maintien de l'ordre public. — Informations à prendre. — Réquisitions. — Arrestations.

En vue des éventualités qui peuvent se produire, les adresses du bureau de la place, du chef du génie, du commissaire de police du quartier, des médecins les plus voisins, des casernes ou postes les plus rapprochés et celles des postes des sapeurs-pompiers et des agents de police sont affichées dans les postes par les soins du major de la garnison. Tout chef de poste, en arrivant au corps de garde, doit les réclamer si elles manquent.

Les chefs de poste ne doivent pas perdre de vue que la force armée est essentielle-ment protectrice de l'ordre public, des personnes et de la propriété.

En conséquence, ils prêtent main-forte pour l'arrestation des individus signalés comme délinquants et des perturbateurs de l'ordre, lorsqu'ils en sont requis par les officiers de police ou leurs agents. Dans aucun cas, ils ne marchent eux-mêmes et ne dégarnissent leur poste de plus de la moitié de sa force.

Ils doivent protéger toute personne dont la sûreté est menacée. Ils font arrêter, conformément à l'article 106 du Code d'instruction criminelle, les individus poursuivis par la clameur publique ou surpris en flagrant délit.

Ils reçoivent tout individu qui est amené à leur poste par les agents de police. Ces agents doivent faire connaître le caractère public dont ils sont revêtus. Ils écrivent et signent leur réquisition sur le rapport.

Toutes les fois que les chefs de poste ont été dans le cas de faire procéder à une arrestation sur l'avertissement ou la plainte d'un tiers, sans l'intervention d'un officier de police, ils prennent note des noms, professions et demeures des plaignants et en font mention dans leur rapport.

Si un inconnu réclamait l'assistance de la garde pour arrêter une autre personne, en raison d'un dommage ou d'un délit qui ne serait pas bien constaté, le chef de poste les ferait conduire immédiatement l'un et l'autre devant le commissaire de police.

Tous les individus arrêtés sont conduits le plus tôt possible au bureau de la place s'ils sont militaires, ou devant le commissaire de police s'ils sont civils; le chef de poste fait connaître par écrit les motifs et toutes les circonstances de l'arrestation.

Quand le bureau de la place ou le bureau du commissaire de police sont fermés, les individus arrêtés pendant la nuit sont maintenus au violon du poste et ne peuvent communiquer avec qui que ce soit au dehors. Ils sont particulièrement surveillés et sont conduits, au point du jour, au bureau de la place ou chez le commissaire de police.

Les militaires et autres qui ont été arrêtés en état d'ivresse ne doivent être conduits soit au bureau de la place, soit chez le commissaire de police, que lorsque leur ivresse a cessé.

Quand des rassemblements se sont formés à l'occasion d'une arrestation et si, d'après les dispositions de la foule, le chef de poste juge que les personnes arrêtées ne peuvent être conduites avec sûreté par la force à ses ordres, il les fait garder au poste et en informe le major de la garnison. (Art. 63 du décret du 4 octobre 1891.)

Responsabilité du chef de poste quant au maintien de l'ordre public.

Les commandants des gardes, piquets et patrouilles ne doivent pas perdre de vue les conditions de responsabilité, à l'égard du maintien de l'ordre public, que leur impose l'article 234 du Code pénal, ainsi conçu :

« Tout commandant, tout officier ou sous-officier de la force publique qui, après avoir été légalement requis par l'autorité civile, aura refusé de faire agir la force sous ses ordres sera puni d'un emprisonnement de un mois à trois mois, sans préjudice des réparations qui pourraient être dues. »

Les autorités civiles qui sont en droit de

faire des réquisitions sont : les préfets, les sous-préfets, les maires, les adjoints aux maires, les procureurs généraux près les cours d'appel, les procureurs de la République près les tribunaux de première instance et leurs substituts, les présidents de cours ou de tribunaux, les juges d'instruction, les juges de paix et les commissaires de police.

Dans les cas urgents, les officiers et sous-officiers de gendarmerie peuvent requérir directement l'assistance de la troupe, qui est tenue de déférer à leurs réquisitions et de leur prêter main-forte.

Les réquisitions doivent être faites par écrit, rédigées de manière à mettre en évidence leur motif et leur objet, et être signées par l'autorité requérante.

Mais en obtempérant aux réquisitions des fonctionnaires chargés de l'exécution des lois et des règlements de police, les chefs de poste restent libres d'adopter telles dispositions militaires proprement dites que l'objet des réquisitions leur paraît exiger. (Art. 64 du décret du 4 octobre 1891.)

En effet, dit une circulaire du Ministre de la guerre en date du 17 mars 1848, les troupes ne doivent prêter leur assistance à l'autorité civile que sur réquisition écrite et ne faire de mouvements que sur l'ordre

des chefs de corps auxquels le choix des
moyens de répression doit être exclusivement abandonné, sauf le cas de flagrant
délit et d'urgence qui ne permettrait pas
l'observation de ces formalités.

Cas d'alarme, de trouble ou d'attaque.

En cas d'alarme, les chefs de poste
tiennent leur troupe sous les armes. Ils ne
laissent jamais de rassemblement ou d'attroupement se former dans les environs
des corps de garde ; si, les rassemblements·
persistant, les chefs constatent des symp-
tômes de troubles sérieux, ils recomman-
dent aux sentinelles d'être alertes, précisent les circonstances dans lesquelles elles
doivent se replier sur le poste et font
charger les armes en cas de péril imminent.

Le commandant d'armes, le commissaire de police et les postes voisins sont
immédiatement avertis, si les communications le permettent.

En cas d'attaque, le commandant de la
garde défend énergiquement son poste par
tous les moyens en son pouvoir et jusqu'à
la dernière extrémité, en se conformant,
d'ailleurs, pour cette défense, aux dispositions écrites que le commandant d'armes

a arrêtées pour chaque poste, en vue d'événements de ce genre. Ces dispositions font connaître les postes qui doivent se replier sur d'autres et les postes qui, destinés au contraire à servir de points d'appui aux troupes de la garnison, doivent être défendus à outrance.

Hors des cas d'attaque, les gardes, piquets ou patrouilles ne peuvent faire usage de leurs armes, en vue du rétablissement de l'ordre, que dans les circonstances et sous les conditions prévues au titre : « *Cas où les troupes doivent faire usage de leurs armes* ». (Art. 71 du décret du 4 octobre 1891.)

Instructions écrites pour le cas de troubles intérieurs.

Le commandant d'armes donne des instructions écrites pour les cas d'alarme ou d'incendie et, en prévision des réquisitions de l'autorité civile, pour le cas de troubles intérieurs.

Ces instructions font connaître le rôle assigné aux troupes des casernes et des postes de la place, les lieux où doit s'opérer leur rassemblement et les dispositions à prendre pour protéger les établissements militaires et civils.

Ces instructions précisent notamment
les circonstances dans lesquelles les postes, suivant leur position, leur objet et
leur force, doivent se replier sur d'autres
ou se défendre sur place jusqu'à la dernière extrémité.

Elles doivent recevoir l'approbation du
général commandant le corps d'armée,
qui en rend compte au Ministre.

**L'autorité militaire obtempère aux réqui-
sitions de l'autorité civile pour le maintien
et le rétablissement de l'ordre.**

Lorsque l'intervention des troupes est
jugée nécessaire pour maintenir l'ordre
public et pour assurer l'exécution des lois,
l'autorité militaire agit sur la réquisition
écrite des autorités compétentes et, autant
que possible, après s'être concertée avec
elles. Les motifs et l'objet de la réquisition
doivent être clairement exprimés.

Le choix et l'exécution des mesures à
prendre appartiennent exclusivement à
l'autorité militaire, dont la responsabilité
à cet égard reste entière. (Art. 167 du
décret du 4 octobre 1891.)

Réquis.   1..

Cas où les troupes doivent faire usage de leurs armes. — Sommations.

En cas de troubles et en dehors des circonstances dans lesquelles les troupes sont l'objet d'une agression et doivent se défendre par tous les moyens possibles, elles ne peuvent faire usage de leurs armes, pour le rétablissement de l'ordre, que dans les conditions ci-après déterminées par la loi du 7 juin 1848.

Lorsqu'un attroupement s'est formé sur la voie publique, le maire ou l'un de ses adjoints, à leur défaut le commissaire de police ou tout autre agent ou dépositaire de la force publique, revêtu de l'écharpe tricolore, se rend sur les lieux de l'attroupement.

Un roulement de tambour ou une sonnerie de clairon annonce l'arrivée du magistrat.

Si l'attroupement est armé, le magistrat lui fait sommation de se dissoudre ou de se retirer.

Si cette première sommation reste sans effet, une seconde sommation, précédée d'un roulement de tambour ou d'une sonnerie de clairon, est faite par le magistrat.

En cas de résistance, l'attroupement est dissipé par la force.

Si l'attroupement est sans armes, le magistrat, après le premier roulement de tambour ou la première sonnerie de clairon, exhorte les citoyens à se disperser; s'ils ne se retirent pas, trois sommations sont successivement faites.

En cas de résistance, l'attroupement est dissipé par la force. (Art. 3 de la loi du 7 juin 1848 et 169 du décret du 4 octobre 1891.)

Il y a rebellion avec armes dans le sens de l'article 212 du Code pénal lorsque des individus sont trouvés porteurs de pierres au moment de l'agression ou de la résistance envers l'autorité publique, sans même qu'il soit nécessaire qu'ils en aient fait usage. (Arrêt de cassation du 30 avril 1824.)

Cas où les dépositaires des forces publiques peuvent déployer la force des armes.

Les dépositaires des forces publiques appelés soit pour assurer l'exécution de la loi, des jugements et ordonnances, ou mandements de justice ou de police, soit pour dissiper les émeutes populaires et attroupements séditieux, et saisir les chefs, auteurs ou instigateurs de l'émeute ou de la sédition, ne pourront déployer la force des armes, sans sommation, que dans les deux cas suivants :

Le premier, si des violences ou voies de fait étaient exercées contre eux ;

Le second, s'il ne peuvent défendre autrement le terrain qu'ils occupent, les postes ou les personnes qui leur sont confiés, ou si la résistance est telle qu'elle ne puisse être vaincue autrement que par la force des armes. (Art. 25 de la loi du 3 août 1791.)

S'ils sont expressement autorisés par un officier civil à faire usage des armes, ils devront, dans ce troisième cas, se conformer aux formalités suivantes prescrites par les articles 26 et 27 de la loi du 3 août 1791.

Formalités avant l'usage des armes par les troupes, en cas d'attroupement ou d'émeute. — Sommations.

Si, par les progès d'un attroupement ou émeute populaire, ou pour toute autre cause, l'usage rigoureux de la force devient nécessaire, un officier civil, soit juge de paix, soit officier municipal, procureur ou commissaire de police, soit administrateur de district ou de département, se présentera sur le lieu de l'attroupement ou du délit, prononcera à haute voix ces mots : « *Obéissance à la loi ! On va faire usage de la force ; que les bons citoyens se retirent.* »

Le tambour battra un ban avant chaque sommation.

Après cette sommation, trois fois réitérée et même, dans le cas où, après une première ou une seconde sommation, il ne serait pas possible de faire la seconde ou la troisième, si les personnes attroupées ne se retirent pas paisiblement et même s'il en reste plus de quinze rassemblées, en état de résistance, la force des armes est à l'instant déployée contre les séditieux, sans aucune responsabilité des événements, et ceux qui peuvent être saisis ensuite sont livrés aux officiers de police, pour être jugés et punis selon la rigueur des lois.

Les chefs de troupes de ligne, de la gendarmerie nationale, de la garde soldée des villes ou des gardes nationales qui refuseraient d'exécuter les réquisitions qui leur seraient faites seront poursuivis et punis des peines portées au Code pénal, sans préjudice des peines plus graves prononcées par la loi contre les crimes attentatoires à la tranquillité publique.

Interdiction des attroupements.
Sommations.

Tout attroupement armé formé sur la voie publique est interdit.

Est également interdit sur la voie publique tout attroupement non armé, qui pourrait troubler la tranquillité publique. (Art. 1er de la loi du 7 juin 1848.)

Toutes personnes qui formeront des attroupements sur la voie publique seront tenues de se disperser à la première sommation des préfets, sous-préfets, maires, adjoints de maires ou de tous magistrats et officiers civils chargés de la police judiciaire, autres que les gardes champêtres et gardes forestiers.

Si l'attroupement ne se disperse pas, les sommations seront renouvelées trois fois; chacune d'elles sera précédée d'un roulement de tambour ou d'un son de trompe; si les trois sommations sont demeurées inutiles, il pourra être fait emploi de la force, conformément à la loi du 3 août 1791. (Art. 1er de la loi du 10 avril 1831.)

Etat de siège.

Aussitôt que l'état de siège est déclaré, les pouvoirs dont l'autorité civile était revêtue pour le maintien de l'ordre et la police passent tout entiers à l'autorité militaire (1).

L'autorité civile continue néanmoins d'exercer ceux de ces pouvoirs dont l'autorité militaire ne l'a pas dessaisie. (Art. 191 du décret du 4 octobre 1891 et art. 7 de la loi du 9 août 1849.)

L'état de siège ne peut être déclaré qu'en cas de péril imminent pour la sécurité intérieure ou extérieure. (Art. 1er de la loi de 9 août 1849 sur l'état de siège.)

L'Assemblée nationale peut seule déclarer l'état de siège, sauf les exceptions ci-après.

La déclaration de l'état de siège désigne les communes, les arrondissements ou départements auxquels il s'applique et pourra être étendu. (Art. 2.)

Dans le cas de prorogation de l'Assemblée nationale, le président de la République peut déclarer l'état de siège, de l'avis du conseil des ministres. (Art. 3.)

Les tribunaux militaires peuvent être saisis de la connaissance des crimes et délits contre la sûreté de la République, contre la constitution, contre l'ordre et la

---

(1) Il en résulte que l'officier commandant les troupes n'a plus besoin de la présence d'un officier civil pour faire les sommations.

paix publique, quelle que soit la qualité des auteurs principaux et des complices. (Art. 8.)

L'autorité militaire a le droit :

1° De faire des perquisitions, de jour et de nuit, dans le domicile des citoyens ;

2° D'éloigner les repris de justice et les individus qui n'ont pas leur domicile dans les lieux soumis à l'état de siège ;

3° D'ordonner la remise des armes et munitions, et de procéder à leur recherche et à leur enlèvement;

4° D'interdire les publications et les réunions qu'elle juge de nature à exciter ou à entretenir le désordre. (Art. 9.)

L'Assemblée nationale a seule le droit de lever l'état de siège lorsqu'il a été déclaré ou maintenu par elle.

Néanmoins, en cas de prorogation, ce droit appartient au Président de la République.

L'état de siège, déclaré conformément à l'article 3, peut être levé par le Président de la République, tant qu'il n'a pas été maintenu par l'Assemblée nationale. (Art. 12.)

Après la levée de l'état de siège, les tribunaux militaires continuent de connaître des crimes et délits dont la poursuite leur avait été déférée. (Art. 13 de la loi du 9 août 1849 sur l'état de siège.)

Des attroupements armés.

L'attroupement est armé : 1° quand plusieurs des individus qui le composent sont porteurs d'armes apparentes ou cachées ; 2° lorsqu'un seul de ces individus, porteur d'armes apparentes, n'est pas immédiatement expulsé de l'attroupement par ceux-là mêmes qui en font partie. (Art. 2 de la loi du 7 juin 1848.)

Lorsque des individus sont porteurs de pierres au moment de l'agression ou de la résistance envers l'autorité publique, il y a rebellion avec armes dans le sens de l'article 212 du Code pénal, sans qu'il soit nécessaire qu'ils en aient fait usage. (Arrêt de cassation du 30 avril 1824.)

Les militaires doivent prêter main-forte aux agents de l'autorité.

Tout militaire en uniforme (1) doit prêter spontanément main-forte, même au péril de sa vie, à la gendarmerie et aux autres agents de l'autorité, conformément aux articles 106 du Code d'instruction criminelle et 475 du Code pénal. (Circ.

(1) En activité de service ou en congé.

du 23 juin 1869 et art. 168 du décret du
4 octobre 1891.)

**Rixes, querelles, désordres : 1º dans un
lieu public ; 2º dans une maison particulière.**

Si un chef de poste est informé que des
rixes, querelles et désordres d'une nature
sérieuse se produisent dans un cabaret,
un café ou tout autre lieu public, il y envoie un sous-officier ou un caporal avec le
nombre d'hommes nécessaires pour les
faire cesser et arrêter, s'il y a lieu, les
perturbateurs.

Cette troupe peut pénétrer dans l'éta-
blissement, les désordres dont il s'agit
continuant, sans être assistée d'un commissaire ou officier de police. (Loi du
22 juillet 1791.) Mais, si à l'arrivée de la
garde l'ordre est rétabli, elle n'entre pas.

Si les désordres se produisent dans une
maison particulière, le chef de poste y
envoie également un détachement. Mais
il ne peut y entrer sans la réquisition du
propriétaire ou sans l'assistance d'un
commissaire de police, à moins que des
cris : « Au feu ! A l'assassin ! Au secours ! »
ne se fassent entendre.

Violation de domicile.

La maison de chaque citoyen est un asile où la gendarmerie ne peut pénétrer sans se rendre coupable d'abus de pouvoir, sauf les cas déterminés ci-après :

1º Pendant le jour, elle peut y entrer pour un motif formellement exprimé par une loi, ou en vertu d'un mandat spécial de perquisition décerné par l'autorité compétente ;

2º Pendant la nuit, elle peut y pénétrer dans le cas d'incendie, d'inondation ou de réclamation venant de l'intérieur de la maison.

Dans tous les autres cas, elle doit prendre seulement, jusqu'à ce que le jour ait paru, les mesures indiquées ci-après :

Garder à vue la maison ou l'investir, en attendant les ordres nécessaires pour y pénétrer, ou l'arrivée de l'autorité qui a le droit d'exiger l'ouverture de la maison.

Le temps de nuit est ainsi réglé :

Du 1er octobre au 31 mars, depuis 6 heures du soir jusqu'à 6 heures du matin ;

Du 1er avril au 30 septembre, depuis 9 heures du soir jusqu'à 4 heures du matin. (Art. 291, 292 et 293 du décret du 1er mars 1854.)

Rapports de la gendarmerie avec les autorités administratives et militaires.

(Extrait du décret du 1ᵉʳ mars 1854.)

Art. 113. Si les rapports du service font craindre quelque émeute populaire ou attroupement séditieux, les préfets, après s'être concertés avec l'officier général commandant le département, s'il est présent, et avec l'officier le plus élevé en grade de la gendarmerie en résidence au chef-lieu du département, peuvent requérir la réunion, sur le point menacé, du nombre de brigades nécessaires au rétablissement de l'ordre.

Il en est rendu compte sur-le-champ au Ministre de l'intérieur par le préfet, et au Ministre de la guerre par l'officier général ou par l'officier de gendarmerie.

Art. 114. Lorsque la tranquillité publique est menacée, les officiers de gendarmerie ne sont point appelés à discuter l'opportunité des mesures que les préfets croient devoir prescrire pour assurer le maintien de l'ordre ; mais il est de leur devoir de désigner les points qui ne peuvent être dégarnis sans danger, et de communiquer à ces fonctionnaires tous les renseignements convenables, tant sur la force effective des brigades et leur formation en détachements, que sur les moyens de suppléer au service de ces brigades pendant leur absence.

Art. 129. Dans tous les cas prévus par les articles 113 et 114 du présent décret, si le maintien ou le rétablissement de l'ordre ne peut être assuré qu'en déployant une plus grande force

sur les points menacés, les généraux commandant les divisions et subdivisions militaires, in-
dépendamment de l'emploi des troupes de ligne,
peuvent ordonner, sur la réquisition des préfets,
la formation des détachements de gendarmerie
qu'exigent les besoins du service.

Ces détachements peuvent être composés
d'hommes pris dans les compagnies limitrophes
et faisant partie de la même division militaire ;
mais, à moins d'ordres formels du Ministre de la
guerre, concertés avec le Ministre de l'intérieur,
les officiers généraux ne peuvent rassembler la
totalité des brigades d'une compagnie pour les
porter d'un département dans un autre.

Ils préviennent de ces mouvements les préfets
des départements respectifs.

Art. 136. Si les officiers de gendarmerie re-
connaissent qu'une force supplétive leur est
nécessaire pour dissoudre un rassemblement
séditieux, réprimer des délits, transférer un
nombre trop considérable de prisonniers, pour
assurer enfin l'exécution des réquisitions de l'autorité civile, ils en préviennent sur-le-champ les
préfets ou les sous-préfets, lesquels requièrent
soit le commandant du département, soit le
commandant de place, de faire appuyer l'action
de la gendarmerie par un nombre suffisant de
troupes de ligne.

Les demandes des officiers de gendarmerie
contiennent l'extrait de l'ordre ou de la réquisition, et les motifs pour lesquels la main-forte
est réclamée.

Art. 138. Lorsqu'un détachement de troupe de
ligne est employé conjointement avec la gendarmerie pour un service de gendarmerie, le com-

mandement appartient, à grade égal, à l'officier
de cette dernière arme.

Si le chef du détachement est d'un grade supé-
rieur à celui dont l'officier de gendarmerie est
titulaire, il prend le commandement ; mais il est
obligé de se conformer aux réquisitions qui lui
sont faites par écrit par l'officier de gendarmerie,
lequel demeure responsable de l'exécution de
son mandat lorsque l'officier auxiliaire s'est con-
formé à sa réquisition.

Art. 298. Lorsqu'une émeute populaire prend
un caractère et un accroissement tels que la
gendarmerie, après une intervention énergique,
se trouve impuissante pour vaincre la résistance
par la force des armes, elle dresse un procès-
verbal dans lequel elle signale les chefs et fau-
teurs de la sédition ; elle prévient immédiatement
l'autorité locale, ainsi que le commandant de la
compagnie ou de l'arrondissement, afin d'obte-
nir des renforts des brigades voisines et de la
troupe de ligne.

Art. 299. Dans aucun cas, les brigades ne doivent quitter le terrain ni rentrer à leur résidence
avant que l'ordre ne soit parfaitement rétabli.
Elles doivent se rappeler que force doit toujours
rester à la loi. Le procès-verbal qu'elles rédi-
gent contient le détail circonstancié des faits
qui ont précédé, accompagné ou suivi la formation de ces attroupements..

Quant aux prisonniers qu'elles ont faits, et
dont elles ne doivent se dessaisir à aucun prix,
ils sont immédiatement conduits, sous bonne
escorte, devant le procureur de la République.

Droit au commandement.

Lorsqu'un détachement de troupes est appelé à agir de concert avec la gendarmerie, le commandement appartient à l'officier des deux troupes le plus élevé en grade ou le plus ancien dans le grade. Si, d'après cette règle, c'est l'officier de troupe qui a le commandement et qu'il s'agisse d'un service spécial à la gendarmerie, il doit obtempérer aux demandes écrites de l'officier de gendarmerie, qui demeure responsable de l'exécution de son mandat, conformément au règlement sur le service de la gendarmerie. (Art. 138 du décret du 1er mars 1854 et 120 du décret du 4 octobre 1891.)

Forme des réquisitions.

Les réquisitions sont faites par écrit, signées, datées, et dans la forme ci-après :

RÉPUBLIQUE FRANÇAISE

AU NOM DU PEUPLE FRANÇAIS,

Conformément à la loi... en vertu de... (loi, arrêté, règlement), nous requérons le (grade et lieu de résidence) de commander,

faire... se transporter... arrêter, etc.,...
et qu'il nous fasse part (si c'est un officier)...;
et qu'il nous rende compte (si c'est un sous-officier) de l'exécution de ce qui est par nous requis
au nom du peuple français.

Les réquisitions ne doivent contenir
aucun terme impératif, tel que : *ordon-
nons, voulons, enjoignons, mandons*, etc.,
ni aucune expression ou formule pouvant
porter atteinte à la considération de la
gendarmerie et au rang qu'elle occupe
parmi les corps de l'armée. (Art. 96 et 97
du décret du 1er mars 1854.)

Il n'est pas douteux que, dans des cas
urgents, les autorités administratives et
judiciaires peuvent employer exception-
nellement le télégraphe pour requérir,
mais il doit être mentionné dans la dépê-
che télégraphique qu'elle va être immédiatement suivie d'une réquisition écrite.
(Circ. minist. du 30 octobre 1880.)

Certaines irrégularités ont été consta-
tées dans la forme des réquisitions adressées aux autorités militaires et à la gen-
darmie, à l'occasion de l'exécution des
décrets du 29 mars 1880.

Dans un grand nombre de cas, la forme
de cette réquisition, qui a été fixée par

l'article 22 de la loi du 3 août 1791 et par l'article 96 du décret du 1ᵉʳ mars 1854, a été modifiée. Tantôt on « invite » au lieu de « requérir » ; tantôt, au lieu des expressions de « commander » et de se « transporter » on a employé celles de « mettre à notre disposition » qui impliquent de la part de l'administration une immixtion dans les mesures à prendre qui est contraire aux articles 17 de la loi du 10 juillet 1791, 23 de la loi du 3 août 1791 et 115 du décret du 1ᵉʳ mars 1854.

Dans certains cas, la réquisition a, contrairement à l'article 17 de la loi du 10 juillet 1791, déterminé soit le nombre des hommes requis, soit le lieu où leur présence était nécessaire, soit le nombre des sentinelles et la nature de leur consigne. Parfois aussi l'objet de la réquisition, qui doit toujours être clairement indiqué, était exprimé par une indication vague telle que celle-ci : « pour concourir à l'exécution des décrets ».

Enfin, bien que l'article 98 du décret du 1ᵉʳ mars 1854 décide que la gendarmerie ne doit être employée que pour assister l'autorité dans l'exécution d'un acte et pour assurer l'effet de la réquisition, elle a été dans quelques cas requise de procéder elle-même, et sans la présence d'une autorité civile, à l'exécution complète des décrets, sommations, bris de portes, expulsions, etc.

Ces irrégularités proviennent, sans doute, de ce que les fonctionnaires de l'administration n'avaient pas sous les yeux, lors de l'application des décrets, les textes des lois des 19 juillet et 3 août 1791. (Circ. du Minist. de l'intérieur en date du 24 décembre 1880.)

Dispositions à adopter pour assurer le maintien de l'ordre public.

Circulaire du Ministre de la guerre en date du 19 avril 1892, en prévision des manifestations projetées à l'occasion du 1ᵉʳ mai.

Les troupes qui seront requises par les autorités civiles ou la gendarmerie auront pour règle de se maintenir exactement dans le mandat qui leur sera tracé par les réquisitions ; elles apporteront dans l'accomplissement de leur tâche autant de sang-froid que de fermeté. Le chef placé à leur tête, — et qui devra être toujours un officier, — ne perdra pas de vue que, si force doit rester à la loi en toute circonstance, il importe essentiellement d'éviter une collision avec les populations.

Dans les localités qui ne sont pas places de guerre ou villes de garnison et où des troupes devront être envoyées de l'extérieur, on ne devra, sous aucun prétexte, loger le soldat chez l'habitant. Les municipalités fourniront des cantonnements établis dans des édifices publics ou privés, mais suffisamment isolés, resserrés et à l'abri de toute surprise. On empêchera autant que possible toutes relations entre la troupe et les populations et l'on interdira aux militaires de tous grades l'entrée des locaux publics fréquentés par les manifestants, ainsi que toute acceptation d'invitation chez les habitants.

L'autorité militaire évitera d'envoyer des détachements de faible effectif au milieu des masses considérables de population ; il est toujours préférable, lorsque les circonstances le permettent, de faire intervenir la cavalerie plutôt que l'infanterie. Il est désirable, partout où cela est possible, que la troupe soit précédée par la gendarmerie, car la police et la gendarmerie constituent la *force publique* chargée de maintenir ou de rétablir l'ordre, et les troupes ne sont que la *force armée*, dont la mission est, non pas de remplacer la force publique, mais simplement de venir en aide à celle-ci quand elle est insuffisante ou impuissante.

Le Ministre de la guerre rappelle avec insistance que, lorsqu'un conflit est à prévoir par suite de l'état de surexcitation des esprits, il est indispensable qu'un représentant de l'autotorité civile se tienne avec la troupe pour faire, s'il y a lieu, les sommations prescrites par la loi. Si les attroupements deviennent menaçants et qu'aucun magistrat civil ne soit sur les lieux, le chef du détachement doit immédiatement aviser l'autorité civile la plus proche et, à défaut, la gendarmerie. La troupe ne doit, en effet, faire usage de ses armes qu'après l'accom plissement des sommations légales prescrites par l'article 26 de la loi du 3 août 1791. Il n'y a d'exception à cette règle que dans les deux cas ci-après déterminés par l'article 25 de la même loi :

1º Si des violences ou voies de fait sont exercées contre la troupe ;

2º Si celle-ci ne peut défendre autrement le terrain qu'elle occupe ou les postes dont elle est chargée.

Mais, même dans ces deux cas, le Ministre recommande que le chef du détachement, — à moins que la soudaineté de l'attaque ne lui en enlève le moyen, — avertisse les assaillants, soit par une sonnerie de « garde à vous », soit par des avis répétés à haute voix, que l'emploi des armes va être ordonné. Avant d'agir, il laissera s'écouler autant de temps que le permet la sécurité de sa troupe ou la conservation des postes confiés à son honneur militaire.

Enfin, il est de toute nécessité de maintenir les groupes de manifestants à une certaine distance de la troupe au moyen d'un cordon de sentinelles qui repousseront tout acte de violence ou toute tentative faite pour leur enlever leurs armes. Les chefs de détachement doivent s'abstenir et empêcher leurs hommes d'entrer en pourparlers avec le public, surtout avec les gens qui se présentent avec l'apparence de conciliateurs. Tous doivent être tenus à une distance telle qu'ils ne puissent haranguer les soldats ou se jeter inopinément sur leurs armes. Le cordon formé par les sentinelles devra tenir le public à 100 mètres au moins de la troupe ; elles ne resteront pas en place et ne devront, sous aucun prétexte, entrer en conversation avec la foule. Le chef de détachement déclarera d'une voix ferme que, si les sentinelles étaient forcées, cette violence serait considérée comme un acte d'hostilité qui serait repoussé immédiatement par la force des armes et après, simplement, les avertissements indiqués ci-dessus.

PÉNALITÉS

Attroupements.

Quiconque aura fait partie d'un rassemblement armé sera puni comme il suit :·

Si l'attroupement s'est dissipé après la première sommation et sans avoir fait usage de ses armes, il sera passible d'un mois à un an d'emprisonnement. Si l'attroupement s'est formé pendant la nuit, d'un an à trois ans d'emprisonnement ;

Si l'attroupement ne s'est dissipé qu'après la deuxième sommation, mais sans qu'il ait fait usage de ses armes, la peine sera de un à trois ans d'emprisonnement et de deux à cinq ans si l'attroupement s'est formé pendant la nuit ;

Si l'attroupement ne s'est dissipé que devant la force ou après avoir fait usage de ses armes, la peine sera de cinq à dix ans d'emprisonnement. (Loi du 7 juin 1848, art. 4.)

Quiconque, faisant partie d'un attroupement non armé, ne l'aura pas abandonné après le roulement de tambour précédant la deuxième sommation, sera puni d'un emprisonnement de quinze jours à six mois. Si l'attroupement n'a pu être dissipé que par la force, la peine sera de six mois à deux ans. (Même loi, art. 5.)

Toute provocation directe à un attroupement armé ou non armé, par des discours proférés publiquement et par des écrits ou des imprimés affichés ou distribués, sera punie comme le crime ou le délit. Les imprimeurs, graveurs, lithographes, afficheurs et distributeurs seront punis comme complices lorsqu'ils auront agi sciemment. (Même loi, art. 6.)

L'article 463 du Code pénal est applicable aux crimes et délits prévus par la loi du 7 juin 1848.

Les tribunaux correctionnels sont compétents pour juger les délits d'attroupement. (Décret du 25 février 1852, art. 1 et 4.)

Emeute.

Les individus qui, dans un mouvement

insurrectionnel, ont porté, soit des armes apparentes ou cachées, ou des munitions, soit en uniforme ou en costume, ou autres insignes civils ou militaires, sont punis de la détention.

Si les individus porteurs d'armes apparentes ou cachées, ou de munitions, étaient revêtus d'une uniforme, d'un costume ou d'autres insignes civils ou militaires, ils seraient punis de la déportation ; dans le cas où ils feraient usage de leurs armes, ils pourraient être punis de mort. (Loi du 24 mai 1834, art. 5.)

Sont punis des travaux forcés à temps les individus qui, dans un mouvement insurrectionnel, se sont emparés d'armes ou de munitions de toutes espèces, soit à l'aide de violences ou de menaces, soit par le pillage de boutiques, postes, magasins, arsenaux et autres établissements publics, soit par le désarmement des agents de la force publique ; chacun des coupables est condamné, de plus, à une amende de 200 à 5,000 francs. (Même loi, art. 6.)

Sont punis de la même peine les individus qui, dans un mouvement insurrectionnel, ont envahi, à l'aide de violences ou de menaces, une maison habitée ou servant à l'habitation. (Même loi, article 7.)

Sont punis de la détention les individus

qui, dans un mouvement insurrectionnel, ont, pour faire attaque ou résistance contre la force publique, envahi ou occupé des édifices, postes et autres établissements publics. La peine est la même à l'égard de ceux qui, dans le même but, ont occupé une maison habitée ou non habitée avec le consentement du propriétaire ou du locataire et à l'égard du propriétaire ou du locataire qui, connaissant le but des insurgés, leur a procuré sans contrainte l'entrée de ladite maison. (Même loi, article 8.)

Sont également punis de la détention les individus qui, dans un mouvement insurrectionnel, ont fait ou aidé à faire des barricades, des retranchements ou tous autres travaux ayant pour objet d'entraver ou arrêter l'exercice de la force publique ; ceux qui ont empêché, à l'aide de violences ou de menaces, la convocation ou la réunion de la force publique, ou qui ont provoqué cu facilité le rassemblement des insurgés, soit par la distribution d'ordres ou de proclamations, soit par le port de drapeaux ou autres signes de ralliement, soit par tout autre moyen d'appel ; ceux qui ont brisé ou détruit un ou plusieurs télégraphes, ou qui ont envahi, à l'aide de violences ou de menaces, un ou plusieurs postes télégraphiques, ou qui ont intercepté les communications ou la correspondance entre les dépositaires de l'autorité publique. (Même loi. article 10.)

Dans tous les cas ci-dessus, s'il existe des circonstances atténuantes, il peut être fait application de l'article 463 du Code pénal.

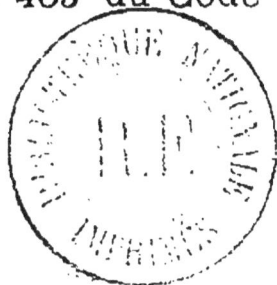

TABLE DES MATIÈRES

———

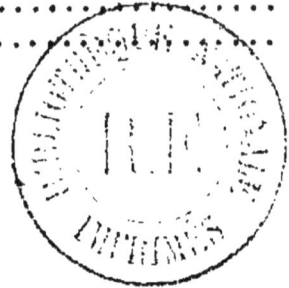

Paris et Limoges. — Imp. milit. Henri CHARLES-LAVAUZELLE

www.ingramcontent.com/pod-product-compliance
Lightning Source LLC
Chambersburg PA
CBHW071407200326
41520CB00014B/3327